LE

SIÈGE DE THÉROUANNE

ET LA

TRÊVE DE BOMY

EN 1537

DOCUMENTS INÉDITS

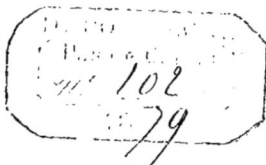

PUBLIÉS PAR

Félix le SERGEANT de MONNECOVE

Membre titulaire de la Société des Antiquaires de la Morinie
et de la Commission des Antiquités départementales du Pas-de-Calais,
Associé correspondant de la Société des Antiquaires de France
et de l'Académie d'Arras.

SAINT-OMER

IMPRIMERIE FLEURY-LEMAIRE

RUE DE WISSOCQ

1878

TIRAGE A TRENTE EXEMPLAIRES

———

(Extrait de la 107ᵉ livraison du Bulletin historique de la Société des Antiquaires de la Morinie)

Nᵒ

INTRODUCTION

Il y a plus de trois siècles que Thérouanne fut rayée du nombre des cités, et, depuis lors, nulle renaissance digne d'elle ne s'est manifestée sur son sol dévasté ; un modeste village, qui porte encore son nom, s'est élevé près de son ancienne enceinte, et l'oubli s'est étendu sur la ville épiscopale et guerrière, dont la longue histoire est remplie de vicissitudes et aboutit au plus lamentable dénouement.

Aussi tous ceux d'entre nous qui ont étudié le passé de notre région, et qui en aiment les récits, ont éprouvé un invincible attrait et une sympathie profonde pour cette ville malheureuse entre toutes, qui disparut en plein XVIᵉ siècle, sous l'effort de vainqueurs implacables.

Pour mon compte, tant de liens me rattachent aux champs où fut Thérouanne et aux choses qui

semblent la pleurer encore, que je ne puis voir
sans une vive émotion ses vestiges désolés, qui
symbolisent à mes yeux *la cité dolente* dont Dante
a parlé.

« Per me si va nella città dolente. »

(DANTE, divine comédie, chant III, 1er tercet).

Au milieu des malheurs qui la frappèrent pendant la première moitié du XVIe siècle, entre les
deux siéges de 1513 et de 1553, qui tous les deux
entraînèrent sa chute et sa destruction, Thérouanne,
que François Ier avait relevée de ses ruines, eut un
jour meilleur que les autres, et sembla, pour un
instant, devoir conjurer sa destinée.

Assiégée par les Impériaux en 1537, elle eut
l'heureuse fortune de les voir s'éloigner d'elle sans
l'avoir soumise, et la trève de Bomy la sauva, pour
cette fois du moins.

Toutefois les assiégeants étaient loin de s'atten-
dre à un pareil résultat, car un graveur hollandais,
nommé Cornélis Teunissen (plus connu sous le nom
de Cornélis Anthoniszoon), avait préparé une es-
tampe intitulée : « *Dit is het belech van Terwaen
gheconterfeit na tleven* », (*Ceci est le siège de Térouane représenté au vif*), destinée à populariser
un fait d'armes aussi important et les opérations
militaires qui l'avaient préparé. La trève de Bomy
ayant arrêté le siége, la gravure de cette estam-
pe ne fut pas terminée, et il n'en fut vraisem-

blablement tiré que des épreuves d'essai. J'en ai vu une (la seule peut-être qui ait été conservée), dans la collection de M. Frédéric Muller, libraire, à Amsterdam, qui l'a décrite dans son ouvrage intitulé : « *Beredeneerde beschrijving van Nederlandsche historie platen, zinneprenten en historische kaarten, door F. Muller te Amsterdam* », ou *Description raisonnée d'estampes et de cartes historiques, représentant ensemble l'histoire des Pays-Bas, recueillies, arrangées, décrites par F. Muller, à Amsterdam.* (1re livraison, page 37, années 100 à 1625).

L'auteur de cet important travail rapporte cette gravure au siége de Thérouanne en 1553, mais je crois avoir démontré, dans le Bulletin historique de la Société des Antiquaires de la Morinie (tome V, 96e livraison, page 447), qu'elle ne peut s'appliquer qu'au siége de 1537, parce que les diverses inscriptions qu'elle comporte concernent, soit des officiers qui ont pris part au siége de 1537, et qui n'assistaient pas à celui de 1553, soit des faits de guerre se rattachant absolument au premier de ces deux siéges.

Cet épisode des annales de Thérouanne m'attire et me captive ; au milieu des désastres de cette cité il passa presque inaperçu, je voudrais m'y arrêter un instant, sans prétendre en fixer le souvenir, mais seulement afin de mettre en lumière quelques documents inédits, qui jetteront comme un rayon

de soleil sur les dernières années de l'antique capitale de la Morinie.

Ces documents sont des lettres adressées à Henri VIII et à lord Crumwell, chancelier d'Angleterre, par John Hutton, envoyé auprès de la Régente des Pays-Bas, dont l'armée assiégeait Thérouanne, et qui fut, d'après le témoignage de ses contemporains, l'un des hommes les plus dévoués qui aient servi l'Angleterre à l'étranger. Elles sont conservées à Londres, au *Public Record Office*, avec un grand nombre de pièces concernant l'histoire de la Belgique, dont la liste analytique a été publiée par M. Irwest van Bruyssel, dans le Bulletin de la Commission royale d'histoire. (Tome I, n° 3, 3ᵉ série, page 154).

J'y joins des extraits de l'histoire manuscrite de Picardie par Nicolas Rumet, des manuscrits de Dom Grenier, du recueil manuscrit de Jacques Vignon, religieux de Clairmarais, le texte de la trève de Bomy, avec les documents qui s'y rapportent, et quelques notes justificatives.

Parmi les auteurs qui mentionnent le siége de Thérouanne en 1537, aucun n'en a donné une relation plus complète que Martin du Bellay, dans le livre VIII de ses Mémoires ; son récit a été amplifié par le R. P. Turpin. (Comitum Tervanensium seu Ternensium..... Annales historici. Pages 325 à 331).

La Société des Antiquaires de la Morinie a pu-

blié, dans le tome 1er de son Bulletin historique,
1º, 14e et 15e livraisons, page 43, une chanson
ancienne sur la destruction de Térouane en 1553,
dont je reproduis le sixième couplet ; 2º, 16e livraison, page 125, *le journal du siège mis devant Térouane le 27 juing 1537*, que je réimprime égale-
ment. Il importe de se reporter aussi au texte de
Martin du Bellay, afin de bien comprendre les pièces qui vont suivre.

N. B. — J'ai reproduit scrupuleusement le texte original des lettres de John Hutton, avec ses inexactitudes, ses irrégularités, et
même ses répétitions ; j'ai conservé les abréviations toutes les fois
que les caractères typographiques modernes l'ont permis. On re-
marquera l'incertitude de l'orthographe, due sans doute au scribe,
qui écrivait sous la dictée, en ne se préoccupant que des conson-
nances, et l'absence de majuscules dans les noms propres.

LETTRES DE JOHN HUTTON

(Texte original)

I

To the Kyngs Highness

in Hast hast post

Hast.

My moste bounden ducitie remembered vnto yor moste excellent highnes pleasithe the same to be aduertissid that I haue not of late wryttyn yor grace anny newis ffrome the court nor camp ffor that I was besuyd in a matter betwixt yor graces marchauntts aduenturars and the towen of andwarpe the wiche dependid myche vppon the welthe or hynderaunce of yor graces said marchauntts soo that beffore my Repayre hether I set all thyngs in Suche astey as I truste shall Remeyn myche to yor graces honor and to the proffit of yor said subiectts/ The queyn Removid ffrome eyre the XIXth day of this monethe hether to saynet thomers and Ridyng by the wey I demandid of hir some newis ffor that I had byn inffurmyd of wone that was escapid owt of the towen of turwyn/ Hir answar was that at that present the newis were but small albe it that beffore sunday next insewyng I shuld here more. by the wiche sayng I haue perceuyd synns that the councell had concludid to haue geven the assault as ystarday had it not chauncesid that the same day in the mornyng thois of turwyn hauyng

LETTRES DE JOHN HUTTON

(Traduction)

I

A Son Altesse le Roi
Pressé train de poste
pressé.

Après avoir renouvelé mon hommage le plus lige à
votre très excellente Altesse, qu'il lui plaise être avertie, que depuis longtemps je n'ai écrit à votre Grace aucunes nouvelles de la cour ni du camp, parce que j'étais
occupé d'une négociation entre les marchands aventuriers
de votre Grâce et la ville d'Anvers, laquelle dépendait
beaucoup de la situation prospère ou embarrassée des
dits marchands de votre Grâce, de sorte qu'avant mon
retour ici je mis toutes choses dans l'état où je compte
qu'elles resteront, pour le plus grand honneur de votre Grâce et l'avantage de ves dits sujets. La Reine partit d'Aire
le 19e jour de ce présent mois, pour se rendre ici à Saint-
Omer, et, en chevauchant sur la route, je lui demandai
quelques nouvelles au sujet de ce que j'avais appris par un
homme qui s'était échappé de la ville de Thérouanne. Sa
réponse fut que, pour le moment, les nouvelles n'étaient
que peu de chose, mais, qu'avant le dimanche suivant, j'en
entendrais davantage. Par ce discours j'ai compris depuis
lors que le conseil avait conclu de donner l'assaut comme

contarmynyd in to amyne that the of the campe had wrought
vndar the red bulwarke and sherchyud did thrust a javelyn in to the myn wher the of ye campe were workyng the
wiche javelyn by strenght was by them of the campe
Recoucrid and brought vnto the lord of beur the wiche
chaunce hathe steyid all their fformall concells and detarmy-
nacions, and to the intent I myght the better assarteyn yor
grace the trewthe of euery thyng I did Rid ystarday to the
campe and went in to all the mynys and trenchis. and as
wone beyng very littill exsperymentid in the feat of ware
I estemyd it marvelus strange as well ffor the device therof as ffor the great danger therin ffor no fail I Conveid
my selff by the trenchis so nyghe the Red bulwarke that I
myght haue leyid a morrespike vppon the wall in suche
wisse that withe in the towen ye haue eyther lake of pouldre or ellse the do dreme some other will ffor the might do
myche more hurst to them of the campe then the do yf
the wold ymploy ther ordenaunce/ But by the space of
fiue owars that I went only to vewe & peruse the towen I
cold not haue the sight off twenty persons nor ther was past
thre shot owt of the towne dewryng the said space and
beyng vppon ahill that is one the northest part of the towen
wher as standithe apayr of galois ther was trenchis made
ffor deffence of the ordenaunce that shotithe ffrome thens I
myght se w^t in the wall ffrome abulwarke that is made all
of yerthe callid the grene bulwarke vnto the red bulwarke
betwyxt the wiche two bulwarkes theris made thre Rampars
ffor otherweis the said ordenaunce is soo laid that it wold
scowar ffrome the wone bulwarke to the other that no man
shuld stier vppon the wall one y^t sid I Canot perceue that
the of the camp haue as yet myche domagid the towne withe ther ordenaunce. Ther is made abrigde by them of the
camp and other twayn ther is in fframyng the wiche be
made of long fir treis like the mast of asmale crear and
burdid ovar to my judgment myche vnmeit ffor suche apur-

hier, s'il n'était pas arrivé que, le même jour au matin, ceux de Thérouanne ayant contréminé une mine, que ceux du camp avaient préparée sous le boulevard Rouge et le cimetière, enfoncèrent une javeline dans la mine où ceux du camp travaillaient ; cette javeline fut reprise de force par ceux du camp et portée au seigneur de Bure ; c'est peut-être ce qui arrêta tous leurs conseils formels, et leurs déterminations ; et, pour pouvoir mieux affirmer à votre Grâce la vérité de chaque chose, je me rendis à cheval hier au camp et j'allai dans toutes les mines et tranchées et, comme un homme très peu au courant de l'art de la guerre, je trouvai cela merveilleusement étrange, aussi bien pour le plan adopté, que pour le grand danger auquel on est exposé au dedans, car, sans mentir, je m'approchai par les tranchées, si près du boulevard Rouge, que j'aurais pu mettre une pique moresque sur la muraille, de sorte que dans l'intérieur de la ville, ou ils manquent de poudre, ou ils rêvent à quelque autre chose, car ils pourraient faire beaucoup plus de mal à ceux du camp, qu'ils n'en font, s'ils employaient leur artillerie. Mais pendant l'espace de cinq heures que je passai à examiner la ville, je n'aperçus pas vingt personnes, et il n'y eut pas plus de trois coups tirés de la ville pendant le même espace de temps. Puis étant sur une colline qui occupe la partie le plus au nord de la ville, où se trouvent deux potences, il y avait des tranchées faites pour la défense de l'artillerie qui tirait de là. Je pus voir l'intérieur des murs depuis un boulevard qui est entièrement fait de terre, appelé le boulevard Vert, jusqu'au boulevard Rouge, entre ces deux boulevards on a fait trois remparts, car autrement ladite artillerie est placée de telle façon qu'elle pourrait balayer d'un boulevard sur l'autre, de telle sorte qu'aucun homme ne pourrait remuer sur la muraille de ce côté. Je ne m'aperçois pas que ceux du camp aient encore beaucoup endommagé la ville avec leur artillerie. Ceux du camp on fait un pont, et deux autres sont

pos ther can goo but fowre men one aranke vppon them I take it ther mynd is to ocupie them ffor some faulce assaults. neir vnto yᵉ Red bulwarke the of the camp haue cast in to the towne diche myche yerthe and many fagotts the wiche ffagotts as I haue hard secretly reportid be taken in to the towen for ther wyntar stoar. I dowt it myche the shall not haue the towen at this jorney wherof I wold be right sory ffor that the lord of beure and his sone the lord of ystelsteyn haue the greattist charge wh ohaue & dayly doo showe myche pleisure to all yoʳ graces sarvands & subiects comyng in to theis parteis. The queyn was myche desyrus beyng at eyre to haue seyn the camp but the councell aduysid the contrary no fail in my judgement she hathe as good astomake as anny woman can haue, iff she had powarr ther vnto the ffrench Kyng were in agreat possibelitie to keipe acold cristmas I ffownd at the campe two of yoʳ graces sarvands wone ffraunces hall and travis soo that by cawsse of ther contenewans in the campe I haue moicionyd vnto them to sartyffic yoʳ highnes of all accurrantts & for my part accordyng to my deutie moste bounden I shall not fail to aduertis yoʳ grace of all thyngs neidffull that I by anny mean shall oblayn knowleg of, moste Humbly Requyryng yoʳ grace to accept more my trewe meanyng then anny other suffissiency that canbe in my woorkyng but withe my prear the wᶜ shalbe to the lord ffor the presarvacion of yoʳ moste excellent magiestie in perpetuall felicitie to indewre ffrome saynt thomeres this XXIᵗʰ day of july.

By yoʳ graces moste humble
obeydient sarvand & subiect
John HUTTON.

en construction, lesquels sont faits d'arbres de sapin longs comme le mât d'un petit bateau, et couverts, à mon estime, très insuffisamment pour un tel dessein, car on ne peut y passer que quatre hommes de front, je pense que leur projet est de les occuper pour quelques faux assauts. Presque sous le boulevard Rouge ceux du camp ont jeté dans le fossé de la ville beaucoup de terre et de fagots ; ces fagots, à ce que l'on m'a rapporté secrètement, sont rentrés dans la ville pour la provision d'hiver. Je doute beaucoup qu'ils aient la ville pendant cette campagne, ce dont je serais très fâché, parce que le seigneur de Bure et son fils, le seigneur d'Isselstam ont la plus grande responsabilité, et, chaque jour, font le meilleur accueil à tous les serviteurs et sujets de votre Grâce qui viennent dans ces régions. La Reine était fort désireuse, étant à Aire, d'aller voir le camp, mais le conseil fut d'un avis contraire. Je ne mets pas en doute qu'elle ait un aussi grand courage qu'aucune femme puisse avoir. Si elle avait l'autorité sur ce point, le Roi français pourrait très-bien passer un mauvais Noël. Je trouvai au camp deux des serviteurs de votre Grâce, François Hall et Travis, de sorte qu'à cause de leur séjour au camp, je leur ai proposé de tenir votre Altesse au courant de tous les événements, et, pour ma part, conformément à mon hommage le plus lige, je ne manquerai pas d'instruire votre Grâce de toutes les choses nécessaires, dont je pourrai avoir connaissance par une voie quelconque. Priant très-humblement votre Grâce de considérer plutôt ma sincère intention, que tout autre mérite pouvant résulter de mes efforts, mais avec la prière que j'adresserai au Seigneur pour la conservation de votre très excellente Majesté en perpétuelle félicité.

De Saint-Omer ce 24e jour de juillet.

Par de votre Grâce le plus humble et obéissant serviteur et sujet.

John HUTTON.

II

To the right honorable and
His syngular good lord my
lord Crumwell lord prevy seal.
        at the Roulls
                in Hast   hast.

My moste bounden dueitie remembered vnto yor good
lordship this shalbe to sartifie that as ystarday, beyng the
XXIIth day of this present monethe of july the queyn sate
w^t hir councell by the space of V owars and at the brekyng
vp therof the lord of mollembes and the viscount of lekirke
departid towards a castell standyng two leigs ffrome turwyn in the wey to heidyng belongyng vnto the ffrenche
Kyng callid the castell off bommy wher as I ame inffurmyd
shuldbe the first president of parris w^t dyuers other comis-
cionars but wherof the shall treat I Canot as yet haue anny
sarteyn knowelege albe it that I will do my best to thyntent
yor lordship may be aduertissid therof. it is thought by some that it shuldbe ffor wone capteyn george that was taken
w^t the lord hanyball & dyuers other ffor that the lord of
bewre said he shuld pay his Rauncesom w^t a nowars han-
gyng by cause that he beyng in themprors wagis hauyng
charge of III hundrith horce w^t good entarteynment departid
withe owt lisance yeldyng hym selff to the ffrenche Kyngs
sarvis. He is estemyd to be avaliaunt capteyn & well ex-
sperimentid in the warrs. Here is dayly myche councell and
more dowt ffor the assawltyng of turwyn in soo myche that
after my openion I thynke the next newis shalbe that ye ar-
mye will recoyll eyther euery man homward or to some
other entarprynce ffor nowe ther mynns be discouerid the
be all discoragid. I thynke it not meyt to trubbull ye Kyngs

II

Au très honorable et Son particulièrement bon
seigneur mon seigneur Crumwell, seigneur
du sceau privé.

Aux Archives.

Pressé   pressé.

Après avoir renouvelé mon hommage le plus lige à votre
bonne Seigneurie, ceci sera pour vous annoncer qu'hier,
étant le 22e jour de ce présent mois de juillet, la Reine
siégea avec son conseil l'espace de cinq heures, et, à l'issue
de cette séance, le seigneur de Molembais et le vicomte
de Ledekerque partirent pour un château situé à deux
lieues de Thérouanne, sur la route de Hesdin, apparte-
nant au Roi français, et nommé le château de Bomy, où,
comme j'en fus informé, devaient être le premier président
de Paris avec plusieurs autres commissaires ; quant à ce
qu'ils traiteront je n'ai pu, jusqu'à présent, en avoir aucune connaissance certaine, néanmoins je ferai de mon mieux
pour que votre Seigneurie en soit avertie. Quelques personnes pensent que ce serait pour un capitaine George, qui
fut pris avec le seigneur d'Annebault et plusieurs autres,
car le seigneur de Bure a dit qu'il paierait sa rançon avec
une pendaison d'une heure, parce qu'étant aux gages de
l'Empereur, et ayant le commandement de trois cents
chevaux avec bon entretien, il était parti sans permission,
pour passer au service du Roi français. On l'estime un capitaine vaillant et très expérimenté à la guerre. Il y a chaque jour de nombreux conseils et beaucoup d'hésitation
pour donner l'assaut à Thérouanne, de sorte que, d'après
mon opinion, je pense que les prochaines nouvelles seront
que l'armée se retirera, soit en renvoyant les hommes chez

2

maiestie withe withe (sic) my lettres onles it consarne matt^{rs}
of greatter importans the wiche chancesyng his grace shalbe aduertissid w^t all possible deligens as knowethe owre
lord who presarue yor lordship in long and prosperus helthe w^t myche Honor ffrome saynct omers this XXIIIth day
of july by the hand of yor Lordshippis moste bounden.

John Hutton.

III

To the right honorable
and his singular good [lord]
the lord prevy seal at
the roulls.

It may pleis yor lordship to be aduertissid that ye comis-
sionars the wiche met at the castell of bonny wherof I haue
aduertissid yor lordship yor lordship (sic) by my fformall lettres be as nowe retcirid home withe owt havyng concludid
anny thyng for ther myttyng was myche grudgid at by y^{em}
of the campe estemyng that it had byne for to haue treatid
apeace or at the least som trewis soo that the lords of mo-
lumbeis and of lekirke cam not to the camp w^t ow great Danger till it was manyfest by shottyng of the ordenaunc that
ther was nothyng concludid the of the campe haue made
many brechis soo that it apeirythe ther intent is to give the
assault in dyuers places the almeyns had wone the fyrst en-
try by lot but the haue Resynid it vnto mons^r Distelsteyn at
his request I pray Jhesu speid hym well ffor he is avery
fforward gentilman the comune voyse goith that the assault

eux, soit pour quelque autre entreprise, car maintenant
que leurs mines sont découvertes ils sont tous découragés.
Je ne crois pas utile de déranger la Majesté du Roi par
mes lettres, à moins qu'il s'agisse d'affaires d'une plus
grande importance ; dans ce cas, sa Grâce sera avertie
avec toute la diligence possible, comme le sait notre Seigneur, qui conserve votre Seigneurie en longue et prospère santé, avec beaucoup d'honneur.

De Saint-Omer le 23ᵉ jour de juillet.

De la main du plus lige de votre Seigneurie.

John HUTTON.

III

Au très honorable
et son particulièrement bon [seigneur]
le seigneur du sceau privé
Aux Archives.

Plaise à votre Seigneurie être avertie que les commissaires qui se sont réunis au château de Bomy, ce dont j'ai
averti votre Seigneurie par mes lettres formelles, sont
maintenant revenus chez eux sans avoir rien conclu. Car
leur réunion excita beaucoup d'animosité parmi ceux du
camp, qui pensaient qu'il s'était agi de traiter de la paix, ou
au moins d'une trêve, de sorte que les seigneurs de Molembais et de Ledekerque ne revinrent pas au camp sans grand
danger, jusqu'à ce qu'il fut manifeste, par le feu de l'artillerie, que rien n'était conclu. Ceux du camp ont fait beaucoup
de brèches, de sorte qu'ils paraissent avoir l'intention de
donner l'assaut en plusieurs endroits ; les Allemands avaient
obtenu par le sort le droit d'entrer les premiers, mais ils
l'ont cédé à M. d'Isselstam, sur sa demande. Je prie Jésus
de lui être favorable, car c'est un très hardi capitaine.

shalbe gevyn to morro yf it take effect I will give them the
lookyng vppon wherby I may the better aduertis the Kyngs
highnes of all that shall passe. it is compoundid that the
lord of peyn shalbe exchangid for the senisshall of henault
this I pray Jhesu send send (sic) yor lordshipe prossperus
and long liffe ffrom the campe beffore turwyn the XXVI
day of july by yor lordshippis moste bounden.

John Hutton.

IV

To the right honorable
And his syngular good
Lord the lord prevy seal
at the roulls.

Pleasithe yor lordship to be aduertissid that ystarnight
beyng the XXVIIIth of this present monethe of july ther
was afalce alarum gevyn to the towne of turwyn by 50
handgunars of my lord of istilsteins band the policy wherof
was to Cause them of the towne to Com vppon the wallis·
to y^{er} deffences agaynst the wiche was leid sixe long sar-
pentyns to scoar along the flanks of the walls one the sothe
syd the wiche peces were plied ffor the space of thre owras
as is supposed to the myche hyndraunce of them w^t in the
towen albe it the sartenty is as yet vnknowen but thois 50
haue payd ther prevy tithis soo well that agreat part of
them were sent eyther to heven or to hell, the same nyght
ther was alarum in the campe and report brought that ther
was VII thosand foote men and thre thosand horce men of
the french partie to reffresche thois of turwyn in suche
wisse y^t all the army were in battell till this mornyng VII
of the cloke and then euery man reteirrid soo that I esteme
it wilbe agreat ocacion that the assault shall not be gevyn as

L'opinion générale est que l'assaut sera donné demain ; s'il
a lieu, j'y assisterai, afin de pouvoir mieux avertir Son Altesse le Roi de tout ce qui se passera. Il est convenu que
le seigneur de Piennes sera échangé contre le sénéchal
de Hainaut. Sur ce je prie Jésus d'envoyer à votre Seigneurie une vie longue et prospère.

Du camp devant Thérouanne le 26ᵉ jour de juillet.

Par le plus lige de votre Seigneurie.

John Hutton.

IV

Au très honorable
et son particulièrement bon
seigneur, le seigneur du sceau privé.

Aux Archives.

Plaise à votre Seigneurie être avertie qu'hier soir, étant
le 28ᵉ jour de ce présent mois de juillet, il y eut une fausse
alarme donnée à la ville de Thérouanne par 50 arquebusiers de la compagnie de Mᵍʳ d'Isselstam, dans le but d'a-
mener ceux de la ville sur le rempart à leurs défenses,
contre lesquelles étaient placées six longues serpentines,
pour balayer d'écharpe les murailles du côté du sud, lesquelles pièces tirèrent pendant l'espace de trois heures, à
ce qu'on croit, pour le plus grand embarras de ceux de la
ville, quoique la vérité ne soit pas connue à cet égard ;
mais ces 50 arquebusiers ont payé leur dîme, si bien que
beaucoup d'entre eux ont été envoyés au ciel ou en enfer.
La même nuit il y eut une alerte dans le camp, et le bruit
courut que sept mille fantassins et trois mille cavaliers français venaient ravitailler ceux de Thérouanne, de sorte que
toute l'armée resta en bataille jusqu'à sept heures ce matin,
et alors chacun se retira, de façon que j'estime qu'il est
fort probable que l'assaut ne sera pas donné aujourd'hui,

this day albe it y^t it was apoynttid soo to be ouer night/ y^{er}
wilbe hote woorke ffor they that be w^t in the towen make
by ther vtter semblauntts smal aparance that ye haue anny
fear ffor the do dayly salut them that be withe owt w^t in-
jorios woords Callyng them heretiks and bid them goo to
perona wher w^t the launce Kneghts be miche grevid in
suche wise that yf the Conquer it by assault ther escape
fewe or non of them w^t in no fail the haue mad great brechis but I can perceue very smal provicion ffor the fillyng
of the dichis nor ffor stoppyng of ther deffencesis and for
anny thyng that I can se to the Contrary onles the give the
assault very shortly the shalbe constraynyd to reteir for
lake of money ffor that the had is sore wastid not knowyng
wher to Reisse anny more but if ther chance be to wyne
turwyn the shall lake non ffor fflaundres, artoys and henault wilbe Contentid to give as myche as the be abull to
Doo. The lord of Molembes is efft womnys gon to the castell
of boomy ther is anabbot whois abbey is newter that taki-
the myche payn to bryng the com̅issionars together in ho-
pe to haue eyther peace or atrewis ffor atyme. y^{er} is euery
day slayn eyther more or les in the campe by theym of the
towen but not so many as myght be by the Xth part if the
wold ymploy ye ordenans ffor the peple goo ffrome campe
to campe as thike as and if the had salue conduct for the
ordenaunce it is thought ther forberryng is only ffor scar-
cenes of pouldre and to keipe y^t ye haue till the assault
Com the wiche the looke for euery ower as god knowethe
who presarue y^{or} lordshipe in prossperus and long lyff w^t
myche honor ffrome saynct omers this XXIXth. Day of
july by the hand of yor lordshippis moste bounden

John Hutton.

aînsi qu'il avait été décidé la veille. L'affaire sera chaudé, car ceux qui sont dans la ville prouvent, par leurs démonstrations extérieures, peu d'apparence d'avoir aucune crainte, car tous les jours ils saluent ceux qui sont dehors de paroles injurieuses, les appelant hérétiques et ils les engagent à aller à Péronne, ce dont les chevaliers de lance sont très-irrités, de sorte que, s'ils prennent la ville d'assaut, peu ou aucun d'entre eux échapperont. Il n'est pas douteux qu'ils ont fait de grandes brèches à l'intérieur, mais je ne puis apercevoir que très-peu de préparatifs pour remplir les fossés et pour arrêter leurs défenses, et, autant que je puis voir, au contraire, à moins qu'ils donnent l'assaut très-promptement, ils seront obligés de se retirer faute d'argent, car celui qu'ils avaient est malheureusement dissipé, ne sachant pas où en lever davantage, mais s'ils ont la chance de prendre Thérouanne, ils ne manqueront de rien, car la Flandre, l'Artois et le Hainaut seront obligés d'en donner autant qu'ils pourront. Le seigneur de Molembais est parti de nouveau pour le château de Bomy, où se trouve un abbé dont l'abbaye est neutre, lequel prend beaucoup de peine pour réunir les commissaires, dans l'espoir d'avoir la paix ou une trêve de quelque temps. Chaque jour il y a plus ou moins de personnes tuées dans le camp par ceux de la ville, mais pas la dixième partie autant qu'il pourrait y en avoir, s'ils employaient l'artillerie, car l'on va d'un camp à l'autre en aussi grand nombre et aussi naturellement que si l'on avait des saufs-conduits. Quant à l'artillerie, on pense que son calme vient uniquement de la rareté des poudres, qu'on veut garder jusqu'au moment de l'assaut que l'on attend à toute heure, comme Dieu le sait, qui conserve votre Seigneurie en vie longue et prospère avec beaucoup d'honneur.

De Saint-Omer le 29ᵉ jour de juillet.

De la main du plus lige de votre Seigneurie.

John HUTTON.

V

To the Kyngs Highness
in hast hast post hast.

My moste bounden duetie remembered vnto yor moste excellente Highnes pleasithe the same to be aduertissid that
by my late lettres I sartified my lord prevy seal that ther
was atrewis taken betwen themprors partie & the frenche
Kyngs ffor tene monethis as not estemyng it meit to haue.
atemptid yor highnes therw^t onles I Cold haue sartified the
hole effect and meynyng therof, the wiche to obteyne I
haue percurid by all means & fashons and yet I ffynd it too
dowtffull that I dare not aventur to wryt it vnto yor grace
as of trewthe. albe it hauying goothcrid the lykest of euery
mans tale it apeirithe that the frenchemen made the first
offer, and that ther is paid bythem towards themprors
chargis two hundrithe thosand crounys and the effect of
the said trewis is that neyther thempror nor the ffrenche
Kyng by them selvis neyther anny other for them shall in-
vade the others domenyon dewryng the said terme vppon
payn to be taken as presonars notw^{t}standyng the said
trewis. I canot judge howe it will take place betwen the
two prynces and ther realmes but the lady regent hathe set
hir selffe at warre withe the moste part of all the nobles
that shuld be hir strenght and assistence. I Canot thynke
that the cardynall of leige will com anny more at the court
for he is gone to visset his Diosses. The almeyns were in
suche arage at the first knowelege that ye trewis was taken
that if they myght haue entryd into this towen of sainct
omers they wold haue put it to sake. the lady regent departid from hens suddenly towards Bregis but I intend to
make astey ffor awhil here till the ffewror of the men of

V

A Son Altesse le Roi.

pressé pressé train de poste.

Après avoir renouvelé mon hommage le plus lige à votre très excellente Altesse, veuillez en même temps être averti que, par mes dernières lettres, j'ai informé mon Seigneur du sceau privé qu'il y avait une trêve faite entre les armées de l'Empereur et du Roi français, pour dix mois, n'estimant pas qu'il fût convenable de déranger votre Altesse à ce propos, à moins que je puisse en certifier tout l'effet et le contenu. Pour l'obtenir, j'ai employé tous les moyens possibles, et, jusqu'à présent, je trouve la chose si douteuse, que je n'ose pas m'aventurer à l'écrire à votre Grâce comme une vérité. Néanmoins ayant réuni ce qu'il y a de plus vraisemblable dans le récit de chacun, il paraît que les Français ont fait les premières ouvertures, et qu'ils ont payé deux cent mille couronnes à valoir sur les frais de l'Empereur, et l'effet de ladite trêve est que ni l'Empereur, ni le Roi français, par eux-mêmes ni par aucun autre pour eux, ne pourra envahir les États de l'autre pendant ledit terme, sous peine d'être faits prisonniers nonobstant ladite trêve. Je ne puis juger comment elle aura lieu entre les deux princes et leurs royaumes, mais Madame la Régente s'est brouillée avec la plus grande partie des nobles qui devaient faire sa force et être son appui. Je ne puis croire que le cardinal de Liége vienne encore à la Cour, car il est parti pour visiter son diocèse. Les Allemands étaient dans une telle rage, à la première nouvelle que la trêve était proclamée, que, s'ils avaient pu entrer dans la ville de Saint-Omer, ils l'auraient mise à sac. Madame la Régente est partie soudainement d'ici pour Bru-

warre be ouer past ffor they Robe and worke myscheiff in
euery place where they goo, and shortly I intend to repayre to bregis wher as I trust to obteyn the trewe Copie of
the said trewis and soo doyng I shall not fayl to send it
vnto yor highnes withe all Convenyent speid but as I ame
infurmyd ther is dyuers of the lords that haue reffussid to
set ther hands vnto it, as the cardynall of lewke the Dewke
of ascot the great m^r. the lord of breid Rood the lord of
leny and the hole comvnaltie make exclamacion vppon the
queyn and vppon the the (sic) two lords of molembies &
Lekirke. at this present the fewror of ye peple apeirithe to
be myche dangerus but what the sequell shalbe yor highnes
shalbe ffrome tyme to tyme aduertissid accordyng to my
moste bounden duetie praying almyghty god to presarue
yor maiestie in moste prosperus helthe and perpetuall felicitie wryttyn at saynct omers this IIIIth day of august

by yor graces moste humble
obeydient sarvand and subiect
John HUTTON.

VI

To the right honorable
And his syngular good
Lord my lord prevy seal
at the roulls.

My moste bounden duetie remembered vnto yor good
lordshipe this shalbe for the sartyffying that as this day the
proclamacion was made of the trewis thoro the campe accordyng to the tenewre off my last lettres and dyuers of the
army haue put them selvys in allredynes to depart albe it

ges, mais je compte rester ici quelque temps, jusqu'à ce que la fureur des hommes de guerre soit passée, car ils volent et ravagent partout où ils vont, et bientôt je compte retourner à Bruges, où j'ai la confiance d'obtenir une copie de la dite trève, et, ceci fait, je ne manquerai pas de l'envoyer à votre Altesse avec toute la promptitude possible, mais je suis informé que plusieurs Seigneurs ont refusé d'y prêter les mains, comme le Cardinal de Liége (?), le Duc d'Arschot, le Grand-maître seigneur de Brederode, le seigneur de Lens (?) ; et toute la population se récrie contre la Reine et contre les deux seigneurs de Molembais et de Ledekerque. En ce moment la fureur du peuple paraît être très dangereuse ; quant à ce qui en résultera votre Altesse en sera avertie de temps en temps, suivant mon hommage le plus lige.

Priant Dieu tout-puissant de garder Votre Majesté en très-prospère santé et perpétuelle félicité.

Écrit à Saint-Omer ce 4ᵉ jour d'août.

Par de votre Grâce le plus humble et obéissant serviteur et sujet.

John HUTTON.

VI

Au très honorable
et son particulièrement bon
seigneur le seigneur du sceau privé.
Aux Archives.

Après avoir renouvelé mon hommage le plus lige à votre Seigneurie, ceci sera pour annoncer qu'aujourd'hui on fit à travers le camp la proclamation de la trève, suivant la teneur de mes dernières lettres, et plusieurs de ceux de l'armée se sont empressés de s'apprêter

that some therbe the wiche do yet remeyn as men Amassed in nombre of wiche mons^r du Rewisse is greatly agrevid havyng made othe that he will neuer were armore till he knowe further of themprors pleysur ther hathe as yet no man of the campe byne suffrid to entar in to the towne of turwyn but to walke by the dichis and the w^t in kept vppon the wallis in harnys it is thought that y^{is} trewis wilbe myche shame to the burgonyons and ffor to folo some other entarprynce by the frenchmen this berar can infurme yor lordship at large for wee were together in the campe but as yet I haue not obteynyd the Copic of ther conclusions ye wiche I trust to haue shortly and too havyng yor lordshipe shalbe aduertissid w^t deligens ffrome saynet Omeres this fyrst day of August by hym that Restithe yor lordshipps most bounden.

John Hutton.

VII

To the Kyngs Highness in
Hast hast post hast.

My moste bounden ductie remembered vnto yor moste excellent Highnes pleasithe the same to be aduertissid that as ystarday beyng the Vth day of this present monethe I arivid here in this towen of bregis wher as the lady regent was and as yet is resident and to thyntent I wold haue sent yor Highnes a copic of the capittalls wher apon this last trewis was taken. I did atempt the same by all means but it wold not take effect, and beyng wher the regent did here hevynsong I myght perceue a gentillman of themprors ambassadors Resident withe yor magestie that tooke leue of

à partir, néanmoins quelques-uns restent encore confondus, au nombre desquels Monsᴿ du Rœux est très tourmenté, ayant fait le serment de ne jamais porter d'armure jusqu'à ce qu'il soit mieux informé du bon plaisir de l'Empereur. Jusqu'à présent aucun homme du camp n'a eu la permission d'entrer dans la ville de Thérouanne, mais seulement de se promener le long des fossés, et ceux de l'intérieur gardent les remparts en harnais de guerre. On pense que cette trêve sera une honte pour les Bourguignons et servira aux Français à poursuivre quelque autre entreprise. Le porteur pourra informer votre Seigneurie en détail, car nous étions ensemble au camp, mais jusqu'à présent je n'ai pas obtenu la copie de leurs arrangements; j'espère toutefois l'avoir bientôt, et alors votre Seigneurie sera avertie sans retard.

De Saint-Omer le 1ᵉʳ jour d'août.

Par celui qui reste de votre Seigneurie le plus lige.

John HUTTON.

VII

A Son Altesse le Roi.

Pressé, pressé, train de poste.

Après avoir renouvelé mon hommage le plus lige à votre très excellente Altesse, veuillez en même temps être averti qu'hier, étant le Vᵉ jour de ce présent mois, j'arrivai ici en cette ville de Bruges, où Madame la Régente était et est encore résidante, et, dans le but d'envoyer à votre Altesse une copie des principaux points sur lesquels la dernière trêve fut conclue, j'essayai par tous les moyens possibles, mais ce fut inutile, et étant où la Régente entendait le salut, je pus apercevoir un gentilhomme des ambassadeurs de l'Empereur, résidant auprès de votre

hir to depart towards yngland. I adressid my self vnto hir sayng that if it myght stand w^t hir pleasur to sartifie yor highnes after what sort & vppon what apoyntment the trewis late taken betwixt hir and the frenche Kyng I knewe well y^{or} grace wold take it in very good part, she answe- rid that the lord of bewre had writtyn vnto yor grace ye sircoinstance therof the wiche as she takethe it is neyther apeac nor trewis but anabstynence of ware ffor the terme of tene monethis to avoid man slaughtar and that as well by land as by sey it may be leiffull to eyther of y^{er} subiectts to do ther moste proffit not invadyng ye domenyon of the other trusting that in this mean tyme god wold woorke and that vppon this apoyntment the armyes one bothe par- teis shuld reteir & breake vpp the wiche she said was do- ne and that other Conclusion ther was non but only this, she intendithe to remeyn here yet eight or tene dais and then to brewsells, not havyng at this present anny occur- rentts to sartiffy yor highnes of as knowethe the lord who presarve yor moste excellent maiestie in prossperus helthe and perpetuall ffelicitie ffrome bregis this VIth day of august

by yor graces most humble
and obeidient sarvand &
subiect

John Hutton.

Majesté, qui prenait congé d'elle, pour retourner en Angleterre, et je m'adressai à elle pour lui dire que, si c'était
son bon plaisir de notifier à votre Altesse de quelle façon
et à quelles conditions la dernière trève avait été conclue
entre elle et le Roi français, je savais bien que votre Grâce
le prendrait en très-bonne part ; elle me répondit que le
seigneur de Bure avait écrit à votre Grâce les circonstances de cette négociation qui, comme elle prend la chose,
n'est ni une paix, ni une trève, mais une cessation de guerre pour le terme de dix mois, afin d'éviter l'effusion du
sang humain, et que, sur terre comme sur mer, il serait
permis à chacun de leurs sujets d'agir au mieux de leurs
intérêts, sans envahir les États de l'autre, espérant qu'en
même temps Dieu ferait son œuvre, et qu'à ces conditions
les deux armées se retireraient et se disperseraient, ce
qui, dit-elle, était fait, et qu'aucune autre décision que
celle-ci n'avait été prise. Elle compte rester encore ici huit
ou dix jours, puis aller à Bruxelles. N'ayant pour le moment aucun détail à transmettre à votre Altesse, daigne le
Seigneur conserver votre très excellente Majesté en santé
prospère et perpétuelle félicité.

De Bruges, ce 6ᵉ jour d'août.

Par de votre Grâce le plus humble et obéissant serviteur
et sujet.

John Hutton.

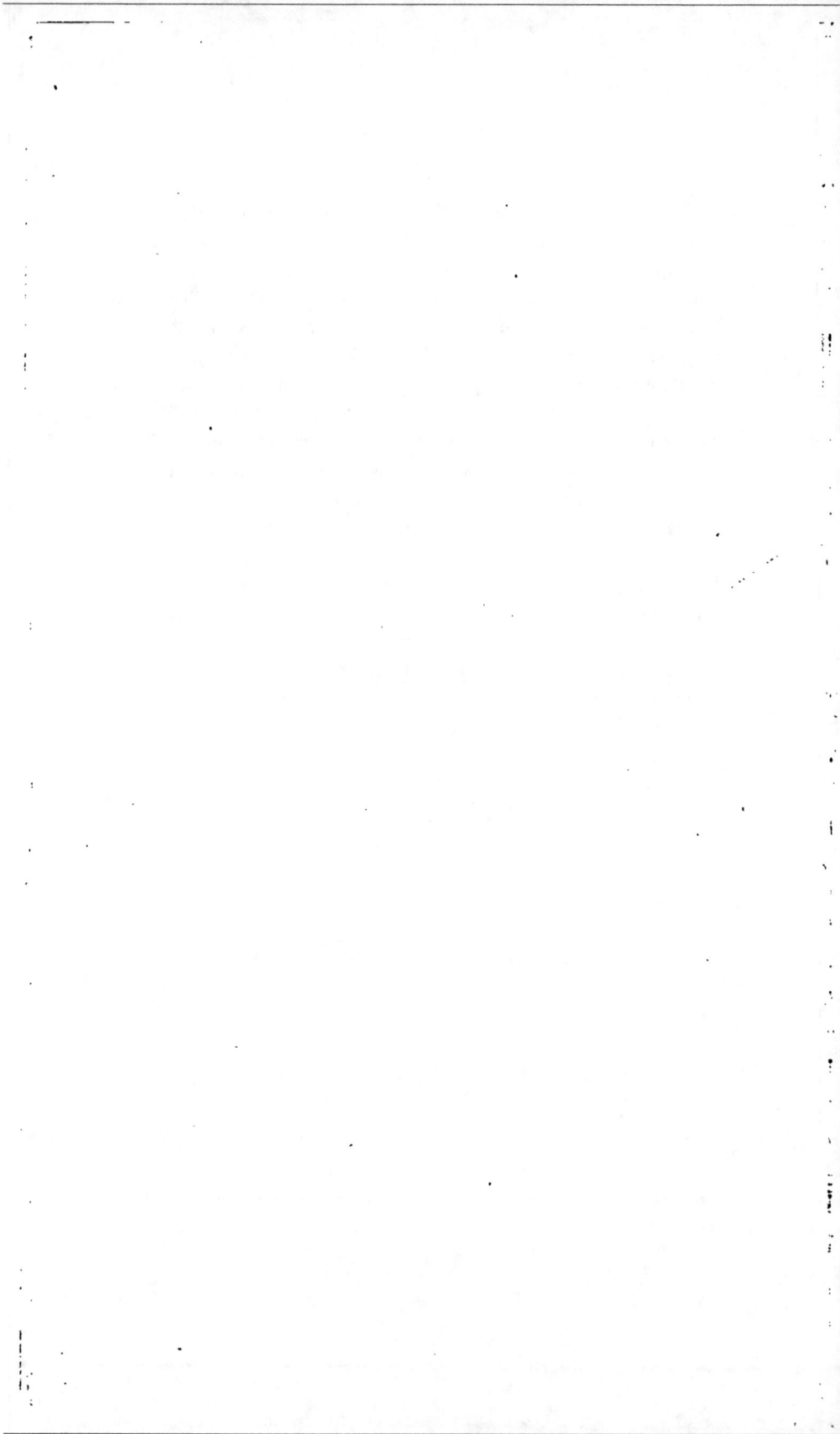

TREFUES DE BONY PAR LE COMTE D'EGMOND POUR L'EMPEREUR, ET PAR M. LE DAUPHIN POUR LE ROY TRESCHRESTIEN.

Bibliothèque nationale. Manuscrits. Fond français, n° 2950, f° 93.

A l'honneur de Dieu nostre createur, comme pour euiter l'effusion du sang humain, et faire cesser les grands maux et innumerables inconueniens qui prouiennent à l'occasion de la guerre, et pour mieux paruenir à une bonne paix, se sont assemblez et entrez en communication Messire Jaques d'Albon s⁰ de S¹ André, conseiller, chambellan ordinaire du Roy treschrestien et cheualier de son ordre, Messire Guillaume Poyet, aussi cheualier, conseiller dudit seigneur en son priue et secret conseil, president en sa cour de parlement à Paris, et premier president en Bretagne, et s⁰ de Coudray, et Messire Nicolas Berthereau, notaire et secretaire d'estat et de chambre dudit seigneur, commis et deputez par treshaut et puissant prince Monseigneur Henry, premier fils dudit seigneur Roy, dauphin de Viennois, duc de Bretagne, comte de Valentinois et Diois, gouuerneur de Normandie et lieutenant-general dudit seigneur en son armée de Picardie, d'une part, et Messire Philippe de Launoy, s⁰ de Molembaix, cheualier de l'ordre de la toyson d'or, et grandmaistre d'hostel de la Reyne douairiere de Hongrie, regente, Messire Jean Hauart, s⁰ de Kederkech, vicomte de Lombecque, cheualier de l'ordre militaire de S¹ Jaques, conseiller d'estat de l'Empereur, et

3

Messire Mathieu Stric, secretaire ordinaire dudit seigneur, aussi commis et deputez par haut et puissant seigneur Messire Floris d'Egmond, comte de Bure et de Leerdam, s^r d'Isselstam, de Cramendenk, de St Martin, aussi cheualier de l'ordre de la toyson d'or, lieutenant et capitaine-general pour ledit seigneur Empereur en ses pays d'embas, d'autre part, lesquels apres aucuns propos et communications eus par ensemble pour le bien, tranquillite et repos des royaumes, pays et subjects desdits seigneurs Empereur et Roy, ont en vertu de leurs pouuoirs ci-apres inserez, et en attendant la paix finale, qu'auec le plaisir de Dieu sera faitte entre lesdits seigneurs princes, traitte, conuenu et accorde une vraye, sincere et entiere trefue, abstinence de guerre et suspension d'armes entre le royaume de France et les Pays-Bas dudit seigneur Empereur, vassaux, subjects et habitans en iceux, tant par terre que par mer et eaux douces, pour le temps et terme de dix mois, à commencer ce iourdhuy datte de ces presentes.

Pendant laquelle cessation de part et d'autre cesseront aussi toutes hostilitez et exploicts de guerre, et pourra le laboureur cultiuer ses terres et possessions, et les pescheurs faire les pescheries en la mer et eaux douces, sans invasion ou empeschement quelconque, et ne seront courües les frontieres d'une part ni d'autre en maniere que ce soit ; et si pendant laditte trefue ou abstinence de guerre estoit prins aucune personne ou biens, par courses ou autres entreprises contraires à laditte trefue ou abstinence, sur lesdits vassaux, subjects et habitans, en sera incontinent faitte reparation et iustice, comme contre infracteurs de paix, et sans aucunement prejudicier à laditte trefue et abstinence de guerre.

Aussi est conuenu et accorde que le siege qui est deuant la ville de Theroüenne sera entierement leue et oste, et a ceste fin, incontinent apres la conclusion de la presente trefue et abstinence de guerre, en mesme iour, sera pu-

bliee aux camps desdits seigneurs Empereur et Roy, et
sera le canon retire du lieu où il est assis en batterie
deuant ledit Theroüenne, et de part et dautre cesseront
tous actes d'hostilite ; et afin que les assiegez nayent à faire
chose au prejudice de laditte trefue, au mesme temps de la
publication leur sera envoye un hérant françois, pour les
aduertir d'icelle trefue, et dans deux iours apres larmee
dudit seigneur Empereur sera retiree de deuant laditte
ville, et celle du Roy hors des Pays-Bas dudit sʳ Empereur, ne seront remis les soldats d'une part en l'autre ;
et sera pareillement laditte trefue publiee par tous les pays
et villes des frontieres desdits sʳˢ ou on a accoustume.

Est aussi accorde que pendant icelle trefue, ledit sʳ Roy
ne mettra aucune soldatesque, ni fera aucune fortification
au comte de Sᵗ-Pol, et neantmoins y sera la justice admi-
nistree, et pourront les subjects aller et venir librement
de part et dautre.

Baillera ledit sʳ Roy saufconduit à un gentilhomme ou
deux, qui seront nommez par la Reyne dHongrie pour aller
et retourner en poste auec 6 personnes et autant deuers
ledit Empereur pour le faict de laditte paix, et ce dedans
quatre iours, ou plustost.

Sera ce present traicte ratific par mondit seigneur le
Dauphin et Monseigneur le comte de Bure, lieutenant-
general susdits, dedans trois jours apres laditte publication, et dedans trois mois apres par ledit seigneur Empereur, et ledit seigneur Roy, et de ce bailler dune part et
dautre lettres de ratification en forme deüe. Ainsy fait et
accorde a Bony sous les seings manuels desdits commis et
deputez sus nommez, le penultiesme de juillet lan 1537.

COMMISSION DE M. LE DAUPHIN POUR LE ROY.

Henry, fils aisné du Roy, Dauphin de Viennois, duc de
Bretagne, comte de Valentinois et Diois, cheualier de l'or-

dre, gouuerneur de Normandie et lieutenant-general en son armee de Picardie, a nos treschers et bien aimez les seig\ s de S\ t-André, chenalier de l'ordre du Roy, nostre treshonore seigneur et pere, du Coudray, conseiller en son conseil priue et president en sa cour de Parlement à Paris, et Nicolas Berthereau, son notaire et secretaire d'estat et de sa chambre, salut. Comme puis nagueres nous soyons pour le bien, repos et tranquillite des pays et subjects de nostredit seigneur et pere, entrez en quelque propos de trefue et abstinence de guerre avec M. le comte de Bure, lieutenant-general de l'Empereur en ses pays d'embas, et que pour conclurre et arrester le faict de ladite trefue et abstinence de guerre, ait este aduise de part et dautre enuoyer quelques bons et notables personnages au lieu de Bonny es comte de S\ t-Pol, ou ailleurs que besoin seroit, a ceste cause, a plein confians de vos grands sens, longue experience et grande diligence, vous auons, en vertu du pouuoir a nous donne par le Roy nostredit seigneur et pere, commis, ordonnez et deputez, commettons, ordonnons et deputons, et vous auons donne et donnons plein pouuoir, puissance et authorite a vous transporter audit lieu de Bonny et autres lieux qu'il appartiendra, et illec conferer, communiquer, conclurre et par ensemble arrester et accorder du faict de ladite trefue et abstinence de guerre, avec les deputez qui y seront pour cest effect envoyez par ledit comte de Bure, de passer et sur ce expedier tel traicte et pour tel temps que verrez et cognoistrez estre requis et necessaire pour le bien et seurete des affaires du Roy nostredit seigneur et pere, sesdits pays et subjects, et generalement de faire et executer en ce affaire, ses circonstances et dependances, tout ainsi que ferions et faire pourrions, si presents en personne y estions, iaçoit que le cas requist mandement plus special qu'il n'est exprime par ces presentes, par lesquelles promettons en bonne foy et parolle de prince, auoir agreable, tenir ferme

et stable, et faire ratifier par le Roy nostredit seigneur et père tout ce que faict et negocie aura par vous et chacun de vous este sur le faict de ladite trefue et abstinence de guerre, sous l'obligation et hypotheque de tous et chacuns nos biens, et de ceux de nos hoirs presens et aduenir. En tesmoin de ce, nous auons signe ces presentes de nostre main, et a icelles fait mettre nostre seel. Donne au camp d'Anissy (1), le 1er iour de juillet lan de grace 1537. Ainsi signe : HENRY. Et au dessous : par Monseigneur le Dauphin et duc, lieutenant-general, le seigneur de MONTMORENCY, grand-maistre et mareschal de France, present. CLAUSSE, et scelle de ses armes sous double queüe.

———

La Commission du comte d'Egmond est conçue en termes identiques, l'Empereur donne les pleins pouvoirs pour conclure la trève à Philippe de Lannoy, seigneur de Molembais ; Jean Hauart, seigneur de Kedekerque, et Mathieu Strick. Elle est datée du camp devant Théroüenne, le 22 juillet 1537.

———

RATIFICATION PAR LE COMTE D'EGMOND.

Floris d'Egmond, comte de Bure et de Leerdam, sr d'Isselstam, de Cramendonck, de St-Martin, Dick, etc., lieutenant et capitaine-general pour l'Empereur en ses pays d'embas, A tous ceux qui ces presentes lettres verront, salut. Comme puis nagueres trefue, abstinence de guerre et suspension d'armes ait este faitte, conclue et accordee entre Messire Jean d'Albon, sr de St-Andre, conseiller chambellan ordinaire du Roy treschrestien de France, et cheualier de son ordre, Messire Guillaume Poyet, aussi cheualier, sr de Coudray, conseiller au priue et secret conseil dudit sei-

(1) Anizy-le-Château, chef-lieu de canton (Aisne). Au XVIe siècle le cardinal de Bourbon y avait fait bâtir un magnifique château.

gneur Roy, president en sa cour de Parlement à Paris, et premier president de Bretagne, et Messire Nicolas Berthereau, notaire et secretaire d'estat et de chambre d'iceluy seigneur Roy, à ce commis, ordonnez et deputez par tres haut et puissant prince Monseigneur Henry, premier fils dudit seigneur Roy treschrestien, dauphin de Viennois, duc de Bretagne, comte de Valentinois et Diois, gouuerneur de Normandie et lieutenant dudit seig^r en son armee de Picardie, et Messire Philippe de Launoy, s^r de Molembaiz, cheualier de la toyson d'or et grand M^e d'hostel de la Reyne douairiere d'Hongrie, regente pour ledit s^r Empereur esdits Pays-Bas, Messire Jean Hauart, s^r de Kedekerke, vicomte de Lombeq, cheualier de l'ordre militaire de St Jaques, et conseiller d'estat de S. M., et Messire Matthieu Strick, secretaire ordinaire de sadite Majeste, ordonnez, commis et deputez quant a ce de nostre part, en la forme et maniere contenue en la capitulation dudit traicte et accord de trefue et abstinence de guerre, par eux et chacun d'eux signee de leurs noms, et ci attachee sous nostre contrescel ; sçauoir faisons que nous voulans satisfaire, fournir et accomplir a ladite capitulation, traicte et accord, auons en vertu du pouuoir et authorite a nous pour ce concede par ladite dame Reyne regente, loüe, agree, ratifie et approuve, loüons, agreons, ratifions et approuuons par cesdittes presentes ladite trefue, abstinence de guerre et suspension d'armes, en la forme et maniere, et pour le temps specifie et declare en ladite capitulation et accord ci-attache, comme dit est, promettans par ces mesmes presentes sur nostre foy et honneur de en dedans le temps et terme pour ce limite faire auoir lettres patentes d'agreation et confirmation dudit seig^r Empereur en forme deüe de ladite trefue et abstinence de guerre et suspension d'armes, et icelles faire deliurer en receuant reciproquement lettres patentes de confirmation et acceptation dudit seigneur Roy treschrestien, aussi en forme deüe. Si reque-

rons et neantmoins mandons de par S. M. I. à tous lieute-
nans, gouuerneurs de pays, chefs, cap^nes et conducteurs de
gens de guerre, officiers, serviteurs et subjects d'icelle S.
M., et a chacun d'eux, si comme appartiendra, garder et
obseruer inuiolablement de poinct en poinct icelle trefue,
abstinence de guerre et suspension d'armes, sans faire ni
aller au contraire en façon que ce soit; ains des infracteurs
d'icelle facent ou facent faire telle et si rigoureuse punition,
iustice et reparation qu'ils verront estre a faire par raison.
En tesmoin de ce nous auons signe cesdittes presentes de
nostre main et y fait appendre nostre scel. Donne au camp
devant Théroüenne le 1er jour d'aoust l'an 1537. Ainsi signe : FLORIS. Et scelle de cire vermeille a double queüe et
scelle d'un petit scel de cire vermeille a la marge d'en haut.

COPIE DE LA DECLARATION DE LA TREFUE ENTRE LE ROY ET LEMPE-
REUR AU PAYS BAS CRIEE DE PAR TRES HAULT, TRES ILLUSTRE,
ET TRES PUISSANT PRINCE MONSEIG^r LE DAULPHIN DUC DE BRE-
TAGNE LIEUTENANT GENERAL DU ROY EN CETTE PRESENTE ANNEE
DERNIER DE JUILLET 1537.

Extrait des manuscrits de Clairambault, vol. 336, f° 6031.
Bibliothèque nationale, fond français, n° 316.

A l'honneur de Dieu trefue, abstinence de guerre et cessation d'armes a esté et est accordée entre le Royaulme de
France et les Pays d'embas de l'Empereur vassaulx et
subjects et habitans en iceux, tant par terre que par mer
et eaulx doulces pour le temps et terme de dix mois, à commencer du jour d'hier que fut lad. trefue conclutte, pendant lequel temps de dix mois cesseront d'une part et d'autre toutes hostilitez et exploits de guerre, et pourra le laboureur cultiuer ses terres et possessions, et les pescheurs
faire leurs pescheries en la mer et caüe doulce sans inua-
sion ou empeschement quelconques, et ne seront couruees

les frontières d'une part ny d'autre, en manière que si pendant lad. trefue ou abstinence de guerre estoient prins quelques personnes ou biens par courses ou autres entreprinses contraires à lad. trefue ou abstinence de guerre sur lesd. vassaulx et subjects et habitans d'ung party et d'autre, en sera incontinent faict reparation et justice comme contre infracteurs de paix, et sans aucunement prejudicier à lad. trefue et abstinence de guerre. Aussy est dit et accordé que le siége estant deuant la ville de Theroüenne sera entiérement leué et osté, et l'artillerie dud. sr Empereur leuée et retirée des lieux où elle estoit assise en batterie deuant lad. ville de Theroüenne, et que tous exploits de guerre cesseront d'une part et d'aultre, et ne seront les soudarts receüs de l'une part en l'autre, et que dedans deux jours apres seront les armées entiérement retirées hors des limites respectiuement desd. Royaulme et pays d'embas, et pourront d'une part et d'autre aller et venir franchement, librement et seurement ez lieux et villes de leur obéissance, et y mettre ce que bon leur semblera, pourveu que ce ne soit pas forme de guerre ; Et seront au surplus obseruez tous les poincts et articles contenus au Traicté de lad. Trefue et abstinence de guerre. Fait au camp pres Hesdin, par le commandement de Monseigr, le dernier jour de juillet mil Ve XXXVII. Ainsy signé, CLAUSSE.

TEXTE DE LA TRÈVE ET SUSPENSION D'ARMES CONVENUE ENTRE LE ROI DE FRANCE ET LES PAYS-BAS SOUMIS A L'EMPEREUR. BOMY, 30 JUILLET 1537.

Archives nationales. Négociations entre la France et l'Espagne. K. 1692, pièce 21.

Le penultiesme jour de juillet 1537 au lieu de bomy trefue abstinence de guerre & cessaon darmes aeste con-

uenue et accordee entre le Royaulme de france & les pays
dembas de lempereur vassaulx subiects et hītans en iceulx
tant par terre que par mer et caüex doulces/ pour le temps
et terme de dix moys acommencer dud. jour/ pendant la-
quel trefue toutes hostillitez et exploictz de guerre cesse-
ront/ pourra le laboureur cultiuer et les pescheurs fere
leurs pescheries. Ne seront courrües les frontieres dune
part et dautre/ et seront ceulx que contremendront a lad.
trefue pugniz comme infracteurs de paix./

Sera le siege de theroane entierement leue et ouste &
se retireront dedans deux jours les armees dune part et
dautre sans que les souldartz dicell puissent estre receuz
dune part en lautre./

Le Roy pendent lad. trefue et abstinence de guerre ne
mectra aucunes gens de guerre ne fera fortificaõn au conte
s^t paul en quelque maniere que ce soit et neantmoings y
sera la justice administrée comme il appartiendra.

Les subiectz dune part et dautre pourront aller et venir
franchement et seurement es lieux et villes de lobeyssance
desd. seig^rs et y mectre ce que bon leur semblera/ pour-
ueu que ce ne soit pas forme de guerre.

Et baillera le Roy saulfconduict a vng gentilhomme ou
deux nommez par la Reyne dongrie pour aller par le
Royaulme deuers lempereur p^r le faict et traicte de la paix
dedans quatre jours ou plustost si fere se peult.

EXTRAIT DE L'HISTOIRE DE PICARDIE PAR NICOLAS RUMET.
f°s 29 v° ET 30.

Bibliothèque nationale. Fond latin, n° 12,888.

An. 1537. Cæsariani Morinum (Gallicam urbem, ad limites Flandriæ et Artesiæ positam) agmine disposito, fer-
vente, feroci sepiunt et cingunt : ei præerat civitati mess.

Philippus a Crequio, Bernieullarum toparcha ; aderat quoque, suis cum equitibus cataphractis, frater primogenitus Heroïs huius, nempe Mess. Joannes, Crequiaci heros : eandem tutabantur urbem tres familiarum illustrium Picardiæ nothi, putà ; Mess. Jöannes Halluyniæ, Carolus Montcaurelliæ, et N..... Cressoneriæ, domorum, Bastardi, præstantes in bello athletæ : illic quoque sanctimonia vitæ et rara eruditione prepollebat M. Eustachius le Bryois, theologiæ professor in cathedrali ecclesia Morinorum (noster quondam preceptor in re litteraria ac disciplinis). Heros Canius centum equitum grauioris armaturæ, P. Antonii Borbonii, ducis Vendoc. ord. 2. supprefectus, secum ducens quadraginta ex ipsis equites cataphractos congressus est cum quingentis hostibus ad Morinum, ac delevit eosdem : Mess. Franciscus à Montemoracio, larochepotii toparchus, Mess. Annæ Montmoracii militum fr. magistri et conestabilis longè sagacissimi, frater, regias in Picardia vices gerens, prudenter succurrit obsessis quantum est in eo situm. At Bomyaci, haud procul à Morinis, pangitur armorum cessatio, quæ dicitur abstinentia belli, couenit decem ad menses : Morinum libertate potitur gloriosa : Mess. Petro Desguilio comittitur interdum provincia propugnandi defendendique Morinum.

Hunc sane Bomyacensem tractatum a parte Regis Fr. composuerunt, Mess. Jöannes Dalbonius, heros a S. Andrea, Mess. Guillelmus Poyetus, Parisiorum et Armoricæ Britanniæ Preses et M. Nicolaus Bertreau Berthercauve amannensis Regius ; à parte vero Caroli V Cæs interfuerunt Bomyaci, Mess. Philippus à Lanoio, Mollembaisii Top. Reg. Hungarorum Mariæ architriclinus, Mess. Jöannes Haussartius Lombecquæ procomes, atque M. Matthæus à secreto Cæsaris vir. Dissolutis tractatu Bomyacensi castris utrinque, Regium agmen mittitur Suzam (1), ubi

(1) Sus Saint-Léger (Pas-de-Calais), arrondissement de Saint Pol, canton d'Avesnes-le-Comte.

non erat cessatum ab armis : P. Henricus à Valesia, Del-
phinus, se confert Ambianum : Hac in civitate coperit P.
Claudium a Lotharingia, spectabilem Guysiæ Ducem qui
peditum ordines septem et quingentos equites cataphractos quàm velocissime traducebat ad Regia castra : Preerant
legioni Picardiæ H. Dubiezieus, Sarcusius, Saiseualius,
Canius, Aucius et Helius, quisque secum ac sub se homi-
nes mille armatos et priuilegiis munitos ducebat per comi-
tatum Santpauliensem, et quo opus erat.

EXTRAIT DES MANUSCRITS DE DOM. GRENIER, VOLUME 90.

Bibliothèque nationale. Manuscrits. Fond français.

1°, f° 157.

.Extrait d'un manuscrit de la bibliothèque de M. Séguier,
passé dans celle de St Germain des préz, du Sr Rumel, qui
prend qualité de Maistre des Requestes. Cet ouvrage est
écrit en latin, et n'en vaut pas mieux pour cela, car les
noms propres n'y sont pas reconnoissables.

2°, f° 159 v°.

Les Imperiaux mirent le siege devant Theroüenne en
1537. Philippe de Crequi Bernieulles commandoit dans
cette place. Jean de Crequi son frere y ettoit avec sa compagnie d'hommes d'armes ; aussi bien que trois bastards
des plus illustres maisons de Picardie, Jean d'Halluin,
Charle de Montcavrel et N. de la Cressoniere.

Eustache le Drioys theologal de Theroüenne, edifioit
alors cette ville par sa piete.

Rumet de qui nous tirons ceci, dit que Brioys lui avait
ensegné les humanitéz.

Cannius (est-ce Canni ?) lieutenant de la compagnie d'ord^ce d'Antoine de Bourbon duc de Vendosme, composée de cent lances ; en prit quarante avec lui, attaqua préz de Therouenne 500 des ennemis et les defit.

François de Montmorenci, seig^r de la Rochepot, frere d'Anne de Montmoranci Connetable lieutenant general pour le Roi en Picardie, jetta du secours dans Theroüenne. Cependant on arrestat une suspention d'armes à Bommy préz de Theroüenne. Jean d'Alboin de St André, Guillaume du Poyet president du Parlement de Paris et de celui de Bretagne et Nicolas Bertereau notaire ou secretaire du Roi traiterent de la part du Roi, avec Philippe de Launoi s^gr de Molembais, grand chambellan de la Reine d'Hongrie, Jean Haussart vieskete de Lambesque et Mathieu secretaire de l'Empereur, de la part de ce prince. Par ce moïen Therouenne aquiert une tranquilité honorable.

Le gouvernement de cette place fut confié à Pierre Desguilio. Est-ce d'Aisguillon ? On envoie les troupes du Roi dans un endroit ou la treve n'avait pas lieu.

Le Prince Henri de Valois Dauphin se transporte à Amiens. Il trouve en cette ville Claude de Lorraine, Duc de Guise, qui se disposoit à conduire au camp sept bataillons d'infanterie et cinq cent lances. Les chefs de la légion de Picardie, estoient Dubiez, Sarcus, Saisseval, Canni, Auxy et Heilly. Chacun d'eux conduisoit un corps de mille hommes de ce corps, dans le Comté de St Pol où l'on avoit besoin de troupes.

EXTRAIT DU RECUEIL DES PLUS MEMORABLES FAICTS ET GESTES DU TRESGRAND, TRESPUISSANT ET TRESVITORIEULX PRINCE CHARLES CESAR AUGUSTE, EMPEREUR DES ROMAINS, CINQUIESME DE CE NOM, ROY DES ESPAIGNES, ETC., ENSEMBLE CE QUI A ESTE FAICT (DE SON REGNE ET EMPIRE) DIGNE DE MEMOIRE.

PAR J. JACQUES VIGNON.

RELIGIEULX DE CLERMARETZ.

1561.

Bibliothèque publique de Saint-Omer. Manuscrits, n° 800.

[Après la prise de Saint-Pol et de Montreuil]..... le camp des Bourguignons vint mettre le siege deuant Therouenne, laquelle estoit mal munie pour lors de pouldres, viures et autres munitions, dont ne pouoit tenir long temps : par quoy le Sᵣ d'Annebaut auec bonne trouppe de gens de guerre, tant a pied qu'a chcual, delibera mettre dedans toutes munitions nécessaires pour le rauitaillement de la ville. Laditte entreprinse estant hardiment paracheuee, et s'en retournant ledict Sᵣ, certain nombre de ses gens ayant enuye de veoir l'ennemy en barbe, et volunte de rompre les lances, donnèrent l'alarme aux Bourguignons, lesquels esmeuz poursuiuirent sy viuement les Francois, qu'ils prinrent le Sᵣ d'Annebaut, auec plusieurs autres grans seigneurs, sans beaucoup d'autres de moindre condition que ie nomme pas. Les ennemys se voyant victorieux feirent grande boucherie desditz francois. Icelle deffaicte fut dicte et nommée la iournée des pourrettes (1) iusques a maintenant. Les françois, tant ceux de dedans, que ceux de dehors n'ayant plus d'espoir de pouoir garder la ville alencontre de ce furieux camp, et ayant perdu courage à cause de la deffaicte dudict Annebaut, auisèrent de corrompre

(1) Ainsy nommee pour les sacs de pouldre que portoient les francois cu rauitaillement.

les chefz du camp des Bourguignons (comme ils auoient faict a Peronne) par argent. Ce faict, fut trouuee et accordee une trefue et abstinence de guerre pour dix moys, entre les deux parties par ce que Dame Marie Royne de Hongrie s'y condescendoit.

EXTRAIT DE L' « ITINÉRAIRE DE LA REINE MARIE, DOUAIRIÈRE DE « HONGRIE ET DE BOHÊME, RÉGENTE DES PAYS-BAS, PENDANT « LES ANNÉES 1537 A 1540, TIRÉ DES COMPTES RENDUS PAR « JEAN DE GHYN, SON PENNINCKMAITRE. »

1537.

Juin ..	1	Buxelles.
—	2	Grammont.
—	3	Audenarde.
—	4	Courtrai.
—	5-30	Lille.
Juillet.	1-2	Lille.
—	3	Langhemarck.
—	4-8	Ypres.
—	9	Langhemarck.
—	10-13	Ypres.
—	14	Cassel.
—	15-18	Aire.
—	19-30	St Omer.
—	31	Bergues St Winnocx.
Août..	1	Dunkerque.
—	2	Nieuport.
—	3-20	Bruges.
—	21-24	Winghendale (Winnendael).
—	25-31	Bruges.

LE SIEGE MIS DEVANT TEROWANE
1537, LE 27 JUING

Extrait d'un recueil historique, provenant de l'abbaye de Cysoing (1).
Bibliothèque de Lille, manuscrits, nº 233, fº ccxiiij.

Le merquedi xxviie de juing, le siege fut mis deuant la
ville de Terowane. Le jœudi Monsr le comte du Rœulx,
eult ung groz alarme contre les Franchois dudit Terowane,
lesquelz sortirent hors par deux portes, et les nostres pensoient quilz ne sortiroient que par une, dont led. sr du
Rœulx fust enclos des Franchois, et en vint ung desd.
Franchois, lequel passa a trauers de toutte larmee, et ve-
noit pour tuer Monsr du Rœulx, lequel lauoit (sic) tucz,
sans ung allemant, lequel dune picque puisa led. Franchois par desoubz larchon de sa sielle, par ainsi eschappa
led. sr.

Le sabmedi dernier de juing noz gens estans deuant Terowane...

Le dimence premier de jullet.

Le lundi ensuiuant sont venues nouuelles par ung serui-
teur de Monsr de Singhin, lequel disoit quil sestoit partit
dudit camp deuant Terowane le jour precedent, pour nouuelles estoient arriues en nostre camp soixante Angles (2).
Pareillement vinrent nouuelles que ce dit jour, le feu sestoit prins en Terowane de meschief par une brasserie, ou
que eult enuiron dix a xii maisons bruslee, et se misrent
tous les gendarmes sur les murailles, car ilz pensoient
estre trahiz.

(1) Ce document a été publié par M. Louis Deschamps de Pas,
dans le Bulletin historique de la Société des Antiquaires de la Morinie, tome Ier, 16e livraison, page 125.
(2) En cet endroit le manuscrit a été corrigé par l'auteur. Il por-
tait primitivement : « estoient arriues en nre camp dix mil engles
seloncq leur compte mais ne sont que cincq mil. »

Le mardi, troisiesme dud., Madame sest partist de Lille enuiron quatre heures du matin, pour aler a Ypres, et Monsr le cardinal se partist ledit jour de lapresdisner.

Le merquedi, quatriesme dudit, enuiron cincq heures du soir, les Franchois, en nombre de xx ou xxv, feirent une salie sur les nostres, ou que vindrent a rencontrer. Monsr le seneschal, lequel fut blechie à ung bras, et est perchiet (1), aussi fut menez prisonnier dedens Terowane et auecq lui ung maistre cannonier. La fut aussi Anthoine de Landas tuez, et menez dedens Terowane, et est ensepueli, et en leglise Notre-Dame de Terowane ; fut aussi en le meisme heure tuez le capitaine Hauet. Depuis l'on a trouue encoires mort es fossez le lacquay du comte de Burre, et furent tuez de six a sept hommes en tout. Anthoine de Landas auant sa mort fut confesse et vescut enuiron une heure. Les Franchois sont fort inhumains. Ils ont gehinet le cannonier qui fut prins avecq Monsr le séneschal, et lont pendu par les genitoires et faict beaucop daultre maulx.

Depuis la prinse dud. s^r seneschal, lon a faict touttes les nuict groz ghuet huyt ou ixe cheuaulx, de paour que les Franchois ne le menissent en Franche.

Le jœudi v^e dudit...

Le vendredi vi^e dudit, enuiron deux heures apres minuict, les Franchois en nombre de enuiron viii à ix cens cheuaulx, et comme les prisonniers Franchois disoient aux nostres, xv cens pietons sont venus a Guignegat, ou que auoit enuiron lx ou iiii^{xx} des nostres au ghuet, lesquels Franchois arriuez aux nostres, les nostres penserent que ce fuissent Bourguignons demanderent qui viue, respondirent les Franchois, Bourgongne, soubit apres ruerent sur les nostres, quoy voiant feirent du mieulx quils peurent, tant que aulcuns vinrent jusques en notre camp, les sicuans lesd. Franchois. Incontinent chacun dud. camp se mist en armes

(1) Ces trois mots sont en surcharge.

et en bel ordre, et estoit enuiron trois ou quatre heures du matin. Et furent bien les nostres en nombre de trois à quatre mil cheuaulx et enuiron de six à sept enseignes dallemans, lesquelz tous se sont tirez sur le chocque d'esd. François qui estoient du coste de Guignegat ; eulx estans arriuez et voians leurs ennemis, de bonne poulse ont ruez sur eulx, de telle sorte que lesd. Franchois commencherent a prendre la fuite, eulx tirant en un village. Neantmoins, lesd. Franchois eurent du pire, et en y eult beaucoup de tuez, pluisieurs noyes, lesquels furent pourchasses des nostres jusques au pont a Blangi. En eult aussi des nostres aucuns prins et tuez. Mais nos gens gaignerent le camp. Entre aultres furent prins Monsr le capitaine Hennebaut, prisonnier, grand marischal de Franche, Monsr de Piennes, Monsr de Castillon, Monsr de Oultre Leawe, Monsr George, et encoires ung aultre, tous deux capitaines des Albanois ; Monsr de Renecourt, filz du s^r de Sercu, le cap^{ne} Bernardin, le baron dallenghen, porteur de guidon du s^r de Hummière ; et pluisieurs aultres cap^{nes} et gentilz hommes en nombre de enuiron deux cens cincquante, et la plupart de leurs chevaulx tuez. Et comme la voix est, y auoit enuiron deux cens Turcqz, lesquelz furent tous tuez et leurs cheuaulx aussi. Pareillement y ont estez tuez le filz aisne de ladmiral de France Monsr Brion, comme aussi Monsr de Miraumont.

Des nostres fust tuez le bailli Hennu, gentilz rustre de ghuerre et vaillant homme fort plains.

Sabmedi vii^e dud.

Dimenche viii^e dud. Nouuelles vindrent a Tournay au chasteau a Monsr le gouuerneur que Barberosse estoit noyez, dont en ruerent ceulx dud. casteau, de joye aucunnes pieches dartillerie sur le soir, ne scay quen est.

Lundi ix dud.

Mardi x^e dud.

Merqedi xie dud.

4

Jocudi xıı^e dud. lon ruat fort du matin et de lapres-disner, et grosses pieches dartillerie.

Led. jour du matin, nosd. gens eulrent ung rencontre des Franchois, et vindrent sur les nostres enuiron cent cheuaulx franchois, lesquelz furent deffais et leur capitainne prins et menez à Airre.

Vendredi xııı^e dud. Le cappitainne Hennebault, grand marissal de Franche, passit au pont à Tressin, que lon menoit comme on disoit à chieure, et portoit lordre de S. Michiel, estoit montez sur ung mulet, auoit vestu une robbe de velour : Monsr d'Oultre Leawe fut aussi mene au chasteau de Tournay ; le preuost de Paris est a Grauelin-ne, le cap^{ne} Bernardin est au Biez.

Dimenche xve dud.

Le xvıı de Jullet. . . .

Le preuost de Paris estant a Grauelinne entour le Mag-delaine a cuidiet baillier le casteau de Grauelinne, lui estant en sa liberte a mandet aux Franchois quilz amenissent quelque nombre de cheuaucheurs et de piettons, et quil leurs liuroit led. casteau, ce qui a este sceut par les nos-tres, et est pour lheure bouttez en une fosse.

Le xxı ou xxıı^e de Jullet, noz gens asscauoir Monsr de Likerke, Monsr de Molenbais, Monsr de Praet, et Monsr de Noircarmes, avec quelques seigneurs de France, se sont trouues ensembles pour parlementer et trouuer quelque bon appoinctement, a une plache nommee Bomy ; les Fran-chois entre aultres choses ont presente aux nostres de ren-dre Hesdin, se lon vouloit partir pour leuer le siege de Terowane, ce que les nostres ont refuset. Et sur ce se sont partis lung de laultre.

De rechief le dimence, 29^e jour dud., enuiron sept heu-res du matin, est venuz ung herault de Franche, requerir les susd. deputes, asscauoir Monsr de Likertke, Monsr de Molenbais, Monsr de Praet, pour aler parlementer a Blangi, auecq les deputez de France, lesquelz attendoient

audit lieu les nostres, lesquelz se 'sont trouuez ensemble,
et ont faict et accorde une trefue telle quelle lespasse de
dix mois, tout nen vault rien. Nota bene.

Led. dimence du soir xxix^e de Jullet reuindrent les nostres aians accordez lesd. trefues.

Led. jour du soir, enuiron les dix heures, Monsr le Seneschal Pierre de Werchin fust deliuret et rendut au camp
devant Terowane et en la meisme heure fut aussi rendu
Monsr de Piennes.

Led. jour, tous nos gensdarmes, Allemans et Clevois,
furent tous en armes tout led. dimenche, a cause que on
disoit que les Franchois estans en bon nombre venoient
baillier bataille aux nostres, ce que ne feistes (*sic*), et estoient les nostres tous en tresbel ordre, et arenghies tous
en bataille, ou que ne vindrent les Franchois.

Lad^e trefue ou abstinence de guerre a estez seullement
seellee par Madame la regente, Monsr le comte de Beurre,
Monsr de Molembais, et Monsr de Likerke et non par aultre, ergo tace.

Le lundi xxxe, le camp se commencha du tout à deffaire, et fut en brief du tout deffaict, car lauons bien sceu par
les gens darmes que auons cult, etc. Led. lundi furent a
six heures du matin lesd. trefues publiees au camp des nostres estans deuant Terowane ; et incontinent led. camp se
commencha à deffaire cum confusione nostrâ ac nostro-
rum.

Ce qui s'ensuit vient de maistre Jan Warenghuien, s^r de
la chambre des comptes.

Le mardi dernier dud. mois, lon disoit pour nouuelles
que lappoinctement des Franchois estoit faict, et estoit
que lesd. Franchois, rendoient Hesdin et auecq ce deux
cens mil escus au soleil, et en ce faisant seroit abstinence
de ghuerre lespace de dix mois ou trefues. L'on dit aussi
que le mariage du second filz du roy Franchois, se faict et
est comme accorde a la vesue de Milan ; en faisant ce traic-

tic de paix se on peult a condition quilz se tiendront en Espaigne, tant et si longhement quilz aucront enffans.

Le joeudi 11° daoust fust lad° abstinence de guerre publiee a Lille a le Bretesque en la maniere que sen suit, dont chacun en murmuroit, posible sans cause.

Ledit jour, Mons' le Seneschal, reucnant du camp deuant Terowane, apres auoir este delibure de prison dud. Terowane, reuint a Lille.

EXTRAIT DU RECUIL DES CRONIQUES DE FLANDRES ET ARTOIS COMENCANT LAN MIL QUATRE CENS QUATRE VINGTZ ET DEUX, CONTINUANT IUSQUES LAN MIL CINC CENS SEPTANTE.

PAR LOYS BRESIN.

—

TOUT POUR BIEN.

Bibliothèque nationale. Manuscrits. Fond français, n° 24,045, f° 377ᵈ v° (1).

Teroüenne assiegee des imperiaux dou partirent sans la conquerir a raison d'une treue quy fut accordee entre lempereur et le roy.

Messire Francois de Monmorency s' de la Rochepot pour lors lieutenant general pour le roy en Picardie, lequel congnoissant limportance de Teroüenne et quil ny auoit dedans plus hault de xxv ou xxx hommes darmes de la compaignie de mons' Phpe de Crequy s' de Bernieules gouuerneur dudit lieu et pareil nombre de la compaignie du s' de Crequy son frère aisné, et enuiron cent mortepaies y ennoia soubdainement le s' de Cany, lieutenant de la com-

---

(1) Ce manuscrit contient de nouveaux détails sur le siége de Thérouanne, et il a paru intéressant de les rapprocher de ceux du journal qui précède.

paignie du ieune duc de Vendomois auec xʟ hommes darmes dicelle compaignies, le sʳ de Foudras son lieutenant
auec xx hommes darmes de la sienne, le fils du sʳ de Dam-
pierre guidon du dauphin auec xx hommes darmes de sa
compaignie, et le capitaine Saint-Brisse lung des lieute-
nants du capitaine la Lande auec quatre cens hommes de
pied, lesquelz a grand paine y arriverent a temps, car desia
Montreul estoit rendu, et le camp imperial loge a deux
lieues de Terouenne et si de fortune le comte de Buren
au desloger de Montreul eust enuoie ses gens de cheual
droit a Terouenne, sans seiourner en chemin, ou quil y fust
alle tout droit au partir de Saint-Pol, la ville estoit en ha-
zard destre prise par sault dhommes, car la puissance que
tenoit le dauphin ni fust iamais venue a temps pour le secourir.

Le xxɪɪ de juing arriua le dauphin en la ville damiens
auec le grand maistre Monmorency quy soubs luy auoit la
principalle superintendence de larmee, lequel incontinent
manda le comte Guillaume de Furstenberg estant pour lors
à Corbie auec son regiment dalemans, et le capitaine Nicolas Rusticy ayant amene quatre mille bas allemans, bien
aguerris es guerres de Munstre et Danemarc, qui au xxɪɪ
dudit mois se trouuassent a Abbeuille ou il entendoit amas-
ser son armee. Ledit comte Guillaume auec ses gens fut
loge dans les faubourgs de Wimeu, Nicolas Rusticy es
faubourgs de la porte Saint-Gille tendant au pont de Remy,
damiens alla le dauphin a Abbeuille atendant son armee.

Estant Montreul brusle le camp des imperiaux deslogea,
et alla camper lavangarde a Renty, et la bataille a Verdu-
res, et le lendemain deuant Terouenne, auquel lieu estant
arriue le comte de Buren, logea son camp partie a Delette,
autre partie au dessoubs de la iustice, et lautre au dela du
chateau en ung lieu ou lan 1513 le comte Talbot anglois
auoit plante son camp ayant ainsy le comte de Buren, or-
donne son camp deuant Terouenne le xxvɪɪ iour de juing

audit an 1537 fit en extreme diligence faire les aproches et mettre lartillerie en baterie depuis la tour des marais iusques au dessoubs de la tour du chasteau, passant par deuant ung lieu nomme la patrouille, ou apres auoir assis lartillerie, fist telle diligence que en moins de douze iours ilz battirent le chasteau, qui nestoit que de deux tours, parce que quand le roy d'Angleterre prit la ville lan 1513 le chateau auoit este raze. Bref les imperiaux firent telle baterie que les assiegez furent contraints de labandonner et se retirer retrancher par derriere, ce fait fut continuee la baterie iusques à la patrouille, de sorte quils firent une bresce de deux cens pas de long. Vray est quelle nestoit aisee a forcer, car les assiegez sestant retirez derriere auoient tranche le rampart, et iceluy mis en tel estat que sy les assaillants eussent gaigne le hault dudit rempart, ils eussent estez contraints de tomber en lung fosse bien flanque. Durant le temps susdit estant le dauphin a Abbeuille, eut nouuelle dune morte paie qui estoit sorty de Terouenne, nomme Pierre Loiseau, quy auoit passe a trauers des ennemis, comme dedant Teroenne on auoit grande necessite de harquebousiers et de pouldre a ceste cause ordonna de les secourir, et fut esleu le s*r* Danebaut pour mettre ledit secours auec les cheuaux legers dont estoit general), lequel incontinent se retira a Hesdin pour acheuer son emprise, qui estoit de mettre en Terouenne quatre cens harquebousiers, portans chacun lie autour de luy ung sac de cuir fait a poste plein de pouldre, et pour cest effect auoit choisi le capitaine Briandas.

Le   iour de iullet ledit s*r* Danebaut partit de Hesdin a iour couche, ayant ses cinquante hommes darmes, le s*r* de Piennes autant, le s*r* de Tais deux cens cheuaux legers, le s*r* de Termes deux cens, le s*r* Daussun deux cens, le s*r* de Sansac deux cens, le capitaine Francisque Bernardin deux cens, le s*r* Maure de Nouare deux cens, George Capussement deux cens albanois, Theode Manes autant, et soubz

bonnes guides marcha le chemin du Guiguegate tenant tous-
iours le hault estant en chemin enuoia devant cens cou-
reurs de cheuaux legers, puis fit marcher les gens de pied
a leur queue, et a la queue des gens de pied aussi deux
cens cheuaux, auxquelz il donna charge de marcher droit a
Terouenne sans samuser en aucun lieu iusques a la porte,
et plus tôt se hazardez destre pris et deffaitz que dy failir,
et ledit sʳ Danebaut auec sa gendarmerie debuoit demeurer au decha de Terouenne au dessus de Guinegate ayant
encharge aux cheuaux legers quil auoit enuoie deuant, que
des quils auroient mis les gens de pied dedans la ville, ilz
eussent a faire ung signal, affin quil eussent a se retirer,
et eulz debuoient demeurer sur la guete poʳ laduertir sy
les imperiaux se jettoient en la champaigne. Les gens de
pied furent mis dedans la ville sans perte et sans alarme,
le signal fut montre, apres lequel le sʳ Danebaut se mit à
faire sa retraite, laquelle il eust fait aisement sans danger,
mais les cheuaux legers quy auoient estez portez sur les
aisles, induitz par les ieunes gens quy voloient rompre
leurs lances allerent donner lalarme au camp des imperiaux, lesquelz ils trouuerent a cheual par ce quilz auoient
en aduertissement dicelle emprise et auoient delibere de
lenpescer, ce quilz eussent fait, mais quand monterent a
cheual pour atendre les francois au passage, ceulx de la-
uangarde quy venoient dung coste, et ceulx de la bataille
de lautre sentrerencontrerent, par faulte de se recongnois-
tre a loccasion de lobscurite de la nuit, et se chargerent
les unz les autres, ou y eut beaucoup de blessez, et ce pendant les francois entrerent dedans la ville, et cela fut cause
quon les trouua a cheual quand les francois leur vindrent
donner lalarme. Le sʳ Danebaut faisant sa retraite, fut ad-
uerty que ses cheuaux legers estoient a lescarmouche, vo-
lut temporiser pour les retirer, mais les imperiaux ayant
fait grand diligence, vindrent pour luy coupper chemin au
passage dung pont, auquel lieu, luy et ceux estant auec

luy soustindrent vigoureusement le combat por quelque
temps ou en y eut de mors dun coste et dautre, mais en la
fin y arriua la plus part de la caualerie du camp, et fut le
s^r Danebaut porte par terre et prins prisonnier, et aupres
de luy le s^r de Piennes, le comte de Villars, le s^r Do, le s^r
de Sansac, les capitaines George Capussement, et Francis-
que Bernardin, et presque tous les chefz, hors mis ceulz
quy desia auoient passe le pont come le s^r Daussun quy se
retirerent a Hesdin, et les prisoniers furent mesnez au
camp. Mais le susdit George Capussement ou Cepusmadio
capitaine albanois quy sestoit trouue en plusieurs combatz
et quy en guerroyant pour lempereur par parauant auoit
este surpris au pais de Piemont par les francois en quelque course, tellement que ne le rachetant lempereur assez
tot, sestoit facillement tourne au seruice du roy francois, a
raison de quoy fut decapite par le commandement de lempereur.

Ceste rencontre et deffaite de francois fut depuis appe-
lee la iournee des Sacqueletz, a raison desditz sacs de
pouldre et au mesme lieu auoit este la iournee des Es-
prons lan 1413.

En ce temps la royne Marie regente des Pais [Bas], arriua a Saint Omer, puis a Aire, et de la au siege de Terouenne amenant quelques rennforts de caualerie.

Peu de iours apres estant les assiegez rafraischis de
gens et de pouldre, le s^r de Cany et autres auecq luy en-
tendant que le plus souuent des grans sieurs imperiaux
venoient esbatre dans les tranchees (a raison que bien scau-
oient la necessite de pouldre des assiegez) firent ung iour
une sailie, et trouvant les imperiaux en leur tranchee en
assez mauuois ordre et equipage en tuerent aucuns, entre
lesquelz fut le guidon du duc darscot, et y fut prisonier
mons^r Pierre de Verchin seneschal de Hainaut homme de
grande maison, auquel ledit s^r de Cany sauua la vie, et depuis fut rendu en eschange pour le s^r de Piennes.

Pendant ce temps le dauphin et [le] grand maitre de
France volant secourir Terouenne vindrent auec leur armee loger a Ham petit village entre Dorlens et Auxy, puis
allerent loger audit lieu d'Auxy-le-Chateau sur la riuière
d'Authi, puis a Pernes sur la riuiere de Canche delibere-
rent de prendre le chemin a Pernes, et de la eulx aller
camper au dessus de Terouenne pres de Guinegate, et leuer le siege ou contraindre lennemy venir au combat. Mais
ce pendant se commencerent a mener traitez, pour venir a
quelque bon accord de paix ou de treues.

DUNE TREUE NON COMMUNICATIUE DURANT LESPACE DE DIX MOIS TRAITEE AU CHASTEAU DE BOMY.

Ce pendant le tamps que le dauphin estoit a Hesdin et la
royne Marie arriuoit au siege de Terouenne, par le moien
de quelques personages fust mis en auant aucuns traites
de paix. Aucuns ont dit que les s^{rs} Danebaut et le seneschal
de Hainau prinsoniers reciproques comme dit est, furent
principaux motifz, pour a quoy paruenir, fut le lieu ordon-
ne au chasteau de Bomy a deux lieues de Terouenne ou se
trouuerent les commis des deux parties, auec bons sauf-
conduitz et pouoir suffisant a traiter paix ou treues. Auquel
lieu se trouerent de la part du roy francois le s^r de Saint
Andre chl^r de lordre du roy, le president Poict et quelques
autres, et de la part de la roine Marie furent les ss^{rs} de
Molembais et de Liquerque, labbe de Femy et le s^r de Har-
genes. Ou estant assemblez furent proposcez plusieurs de-
mandes dune partie et dautre, et diuerses matieres deba-
tues. Mais a raison que chacun demandoit, fut mal possible
dy trouuer accord, au moien dequoy les deux parties sen
retournerent chacun cez soy sans aucun exploit, mais tot
apres le francois requit de recef soy rassembler au mesme

lieu, ce qui leur fut accorde. Et la tellement besongnerent quilz accorderent abstinence de guerre et treues non communicatiues durant lespace de dix mois seulement au pais denbas es lisieres de France decha les monts, non compris le Piemont, Sauoie et Lytalie, et furent publiees au camp de la royne Marie et en larmee du dauphin le penultiesme iour de iullet audit an 1537 et furent les articles de ceste treue portez au dauphin pour les voir iurer et confirmer au nom du roy son pere. Le baily de Lens cy estoit, conduit par Grenade roy darmes, auquel ledit s^r dauphin donna cinquante escus dor.

Lendemain de la publication dicelles treues fut leue le siege de Terouenne et larmee rompue, la royne seiourna a Saint-Omer, et par le pais de Flandres au pais de Brabant.

Pareillement fut rompue larmee du dauphin, partie de laquelle fut enuoie en Ytalie, ou la guerre demeuroit en son entier.

Ces treues ainsy conclues la royne Marie regente des Pais Bas, depescha incontinent Cornille Scheperius et lennoia en Espaigne, pour certiorer lempereur son frere de la treue susdite, lequel Cornille auec bon saufconduit, passant par la France, parla au roy francois, lequel il trouua assez enclin, au traite dune bonne paix, car par le traite de ceste treue susdite fut permis à la royne Marie regente des Pais Bas, denuoier quelques personnages en Espaigne vers lempereur passans seurement par le reaulme de France. Aussy fut permis au roi dy enuoier de sa part pour moienner une paix ou treue generalle. Ce qui fut fait, et tellement besongnerent ceulx quy y furent enuoiez, que la treue et abstinence de guerre fut conclute autant bien en Piemont quelle auoit este en Picardie, comme sera recite.

Par la treue susdite chacun debuoit demeurer possesseur de ce quil tenoit a lissue de la publication de la treue, en outre estoit conclud que durant ceste treue les deputez

des deux parties se trouueraient en la ville de Locat pour adviser de faire une bonne paix.

EXTRAIT D'UNE CHANSON ANCIENNE SUR LA DESTRUCTION
DE LA VILLE DE THÉROUANNE
EN 1553.

Ceindre me vint le Bourguignon
L'an trente sept, à grande puissance
J'endurois tant de horion
Que de me rendre fut en balance ;
Le Roi en eut la connoissance,
Avec le Bourgogne il s'accorda,
Il y eut telle joie en France
A Bommy la paix on traita.

On peut consulter aussi, à la bibliothèque nationale, les copies suivantes insérées dans le 366e volume des mélanges de Clairambault :

F° 5933. — « Lettre de M. de Montmorency à M. de la Rochepot ». — Il lui annonce l'entrée dans Therouenne des bandes du Dauphin et de cent chevaux légers de Villebon, et il le prie de faire venir l'artillerie qui est à Dourlens. — « D'Abbeville, le xxve jour de juing » [1537]. — Signé « Montmorency ».

F° 5979. — « Lettre de M. de Villandry à M. le Grand-maistre ». — M. des Cars vient d'apporter au Roi des nouvelles du Dauphin et du Grand-Maître ; le Roi se réjouit de l'entrée d'un renfort dans Therouenne, et regrette la « prinse de M. d'Ennebault et autres personnages » ; il faut les retirer le plus tôt possible. — « Escript à Chailly, le 8e jour de juillet mil ve xxxvii ». Signé « J. Breton ».

F° 5981. — « Lettre de M. de Montmorency à M. de la Rochepot ». — Il a reçu des lettres de MM. de Créquy et de Bernyculles ; ils ont près de 800 hommes dans

Therouenne ; toutes choses y vont très-bien, mais ils craignent de manquer de poudre ; l'artillerie est arrivée ; on en fait encore venir de Troye. — « D'Abbeville ce xᵉ de juillet » [1537]. Signé « Montmorency ».

Fᵒ 5989, vᵒ. — « Lettre de François Iᵉʳ à M. de Humières ». — Récit du combat dans lequel le sʳ d'Ennebault a été pris avec un grand nombre des siens ; le Roi espère le recouver bientôt. L'armée se renforce rapidement, et, avant peu, les ennemis devront renoncer au siége. — « A Meudon, le xmᵉ jour de juillet 1537 ». Signé « Françoys et plus bas le Breton ».

Fᵒ 6009. — « Lettre de M. de Villandry à M. de Humières ». — La mine que les ennemis faisaient à Theroucnne a été découverte par les Français, qui ont brûlé 100 à 120 hommes. — « Escript à Meudon, le xxmᵉ jour de juillet 1537 ». Signé « J. Breton ».

Fᵒ 6013. — « Lettre de M. le Grand-Maistre à M. le Cardinal de Tournon. » — Depuis que le Dauphin est devant Theroucnne avec ses troupes, les ennemis se tiennent prêts à lever leur camp ; la place tient bon ; M. de Bures a fait des ouvertures pour conclure une trève. — « Au camp près Dourlans, le xxmᵉ jour de juillet » [1537]. Signé « Montmorency ».

Fᵒ 6017. — « Articles pour la trefue faicte deuant Theroucnne. — Reponse que faict le Roy, à ce que Pommeraye luy a dit et exposé de par Monseigneur le Daulphin son fils, sur les propos qu'il lui a touchez de sa part. » — Le Roi accepte les propositions qui lui sont soumises ; la trève sera concluc. — « Fait à Meudon, le xxvᵉ juillet 1537 ». Signé « Françoys et plus bas le Breton ».

Fᵒ 6023. — « Lettre du Roy [François Iᵉʳ] à M. le Grand-Maistre ». — Le Roi a reçu, par la Pommeraye les lettres relatives à la trève, et il le renvoie chargé de ses instructions verbales. — « Escript à Meudon, le xxvᵉ jour de juillet mil vᶜ xxxvij ». Signé « Françoys » ; contresigné « Breton ».

www.ingramcontent.com/pod-product-compliance
Lightning Source LLC
LaVergne TN
LVHW020043090426
835510LV00039B/1379